MOLIÈRE:
DÉPIT AMOUREUX

DÉPIT AMOUREUX

A Comedy in two Acts

BY

J. B. POQUELIN MOLIÈRE

Edited by

FREDERIC SPENCER

M.A., PHIL. DOC.

Formerly one of
His Majesty's Staff Inspectors
of Secondary Schools

CAMBRIDGE

AT THE UNIVERSITY PRESS

1929

CAMBRIDGE UNIVERSITY PRESS
Cambridge, New York, Melbourne, Madrid, Cape Town,
Singapore, São Paulo, Delhi, Mexico City

Cambridge University Press
The Edinburgh Building, Cambridge CB2 8RU, UK

Published in the United States of America by Cambridge University Press, New York

www.cambridge.org
Information on this title: www.cambridge.org/9781107620087

First published 1929
First paperback edition 2013

A catalogue record for this publication is available from the British Library

ISBN 978-1-107-62008-7 Paperback

PREFACE

IN chronological lists of Molière's masterpieces the first place is traditionally assigned to the *Précieuses ridicules* (1659). But a still earlier work—*Dépit amoureux* (1656)—in which a brilliantly original setting of a world-old theme is loosely woven into a borrowed comedy of intrigue, had already revealed the maturity of his genius. The inimitable scenes of this play within a play, which an eighteenth century French actor had the happy inspiration to detach and present as an independent unity, still attract and delight the Parisian playgoer. Already in Molière's lifetime Dryden had laid them under contribution for *An Evening's Love* (1671). And their charm can only fail to appeal to Dryden's countrymen when love is out of season.

The present volume, in which this short and sparkling comedy is for the first time made separately and conveniently accessible to the English student, has been prepared in the belief that its publication will not only be welcomed by the general reader, but also usefully contribute to the study of French literature in Universities and in the Upper Forms of Schools.

The appended notes are mainly designed to facilitate the rapid reading of the play, and in no way to forestall the fuller commentary with which the teacher will wish to illuminate its intensive study in class. Many of them are reproduced from the glossary to the "Temple" edition of the composite play published (1908) by Messrs Dent, who have readily acquiesced in their utilisation for the purposes of this volume.

F. S.

WORTHING
March 1929

LES PERSONNAGES

ÉRASTE, *amant de Lucile.*

GROS-RENÉ, *valet d'Éraste.*

VALÈRE, *amoureux de Lucile.*

LUCILE, *amante d'Éraste.*

MARINETTE, *suivante de Lucile.*

MASCARILLE, *valet de Valère.*

DEPIT AMOUREUX

COMÉDIE

ACTE PREMIER

SCÈNE I

ÉRASTE, GROS-RENÉ

ÉRASTE

Veux-tu que je te die? une atteinte secrète
Ne laisse point mon âme en une bonne assiette:
Oui, quoi qu'à mon amour tu puisses repartir,
Il craint d'être la dupe, à ne te point mentir;
Qu'en faveur d'un rival ta foi ne se corrompe, 5
Ou du moins qu'avec moi toi-même on ne te
trompe.

GROS-RENÉ

Pour moi, me soupçonner de quelque mauvais
tour,
Je dirai, n'en déplaise à Monsieur votre amour,
Que c'est injustement blesser ma prud'homie
Et se connaître mal en physionomie. 10
Les gens de mon minois ne sont point accusés
D'être, grâces à Dieu, ni fourbes, ni rusés.

Cet honneur qu'on nous fait, je ne le démens guères,
Et suis homme fort rond de toutes les manières.
Pour que l'on me trompât, cela se pourrait bien :
Le doute est mieux fondé; pourtant je n'en crois rien. 16
Je ne vois point encore, ou je suis une bête,
Sur quoi vous avez pu prendre martel en tête.
Lucile, à mon avis, vous montre assez d'amour:
Elle vous voit, vous parle à toute heure du jour;
Et Valère, après tout, qui cause votre crainte, 21
Semble n'être à présent souffert que par contrainte.

ÉRASTE

Souvent d'un faux espoir un amant est nourri:
Le mieux reçu toujours n'est pas le plus chéri;
Et tout ce que d'ardeur font paraître les femmes
Parfois n'est qu'un beau voile à couvrir d'autres flammes. 26
Valère enfin, pour être un amant rebuté,
Montre depuis un temps trop de tranquillité.
Et si tu n'en crois rien, dis-moi, je t'en conjure,
Si j'ai lieu de rêver dessus cette aventure. 30

GROS-RENÉ

Peut-être que son cœur a changé de désirs,
Connaissant qu'il poussait d'inutiles soupirs.

ÉRASTE

Lorsque par les rebuts une âme est détachée,
Elle veut fuir l'objet dont elle fut touchée, 34
Et ne rompt point sa chaîne avec si peu d'éclat,
Qu'elle puisse rester en un paisible état.
De ce qu'on a chéri la fatale présence
Ne nous laisse jamais dedans l'indifférence;
Et si de cette vue on n'accroît son dédain,
Notre amour est bien près de nous rentrer au
sein; 40
Enfin, crois-moi, si bien qu'on éteigne une flamme,
Un peu de jalousie occupe encore une âme,
Et l'on ne saurait voir, sans en être piqué,
Posséder par un autre un cœur qu'on a manqué.

GROS-RENÉ

Pour moi, je ne sais point tant de philosophie: 45
Ce que voient mes yeux, franchement je m'y fie,
Et ne suis point de moi si mortel ennemi
Que je m'aille affliger sans sujet ni demi.
Pourquoi subtiliser et faire le capable
A chercher des raisons pour être misérable? 50
Sur des soupçons en l'air je m'irais alarmer!
Laissons venir la fête avant que la chômer.
Le chagrin me paraît une incommode chose;
Je n'en prends point pour moi sans bonne et juste
cause,

Et mêmes à mes yeux cent sujets d'en avoir 55
S'offrent le plus souvent, que je ne veux pas voir.
Avec vous en amour je cours même fortune;
Celle que vous aurez me doit être commune:
La maîtresse ne peut abuser votre foi, 59
A moins que la suivante en fasse autant pour moi;
Mais j'en fuis la pensée avec un soin extrême.
Je veux croire les gens quand on me dit 'Je t'aime,'
Et ne vais point chercher, pour m'estimer heureux,
Si Mascarille ou non s'arrache les cheveux.
Que tantôt Marinette endure qu'à son aise 65
Gros-René par plaisir la caresse et la baise,
Et que ce beau rival en rie ainsi qu'un fou,
A son exemple aussi j'en rirai tout mon soûl,
Et l'on verra qui rit avec meilleure grâce.

ÉRASTE

Voilà de tes discours.

GROS-RENÉ

Mais je la vois qui passe. 70

SCÈNE II

MARINETTE, ÉRASTE, GROS-RENÉ

GROS-RENÉ

St, Marinette!

MARINETTE

Oh! oh! que fais-tu là?

GROS-RENÉ

Ma foi,
Demande, nous étions tout à l'heure sur toi.

MARINETTE

Vous êtes aussi là, Monsieur! Depuis une heure
Vous m'avez fait trotter comme un Basque, je meure!

ÉRASTE

Comment?

MARINETTE

Pour vous chercher j'ai fait dix mille pas, 75
Et vous promets, ma foi...

ÉRASTE

Quoi?

MARINETTE

Que vous n'êtes pas
Au temple, au cours, chez vous, ni dans la grande place.

GROS-RENÉ

Il fallait en jurer.

ÉRASTE

Apprends-moi donc, de grâce,
Qui te fait me chercher?

MARINETTE

Quelqu'un, en vérité,
Qui pour vous n'a pas trop mauvaise volonté, 80
Ma maîtresse, en un mot.

ÉRASTE

Ah! chère Marinette,
Ton discours de son cœur est-il bien l'interprète?
Ne me déguise point un mystère fatal;
Je ne t'en voudrai pas pour cela plus de mal: 84
Au nom des Dieux, dis-moi si ta belle maîtresse
N'abuse point mes vœux d'une fausse tendresse.

MARINETTE

Hé! Hé! d'où vous vient donc ce plaisant mouvement?
Elle ne fait pas voir assez son sentiment!
Quel garant est-ce encor que votre amour demande?
Que lui faut-il?

GROS-RENÉ

A moins que Valère se pende, 90
Bagatelle! son cœur ne s'assurera point.

MARINETTE

Comment?

GROS-RENÉ

Il est jaloux jusques en un tel point.

MARINETTE

De Valère? Ah! vraiment la pensée est bien belle!
Elle peut seulement naître en votre cervelle.
Je vous croyais du sens, et jusqu'à ce moment 95
J'avais de votre esprit quelque bon sentiment;
Mais, à ce que je vois, je m'étais fort trompée.
Ta tête de ce mal est-elle aussi frappée?

GROS-RENÉ

Moi, jaloux? Dieu m'en garde, et d'être assez badin
Pour m'aller emmaigrir avec un tel chagrin! 100
Outre que de ton cœur ta foi me cautionne,
L'opinion que j'ai de moi-même est trop bonne
Pour croire auprès de moi que quelqu'autre te plût.
Où diantre pourrais-tu trouver qui me valût?

MARINETTE

En effet, tu dis bien, voilà comme il faut être: 105
Jamais de ces soupçons qu'un jaloux fait paraître!
Tout le fruit qu'on en cueille est de se mettre mal,
Et d'avancer par là les desseins d'un rival·

Au mérite souvent de qui l'éclat vous blesse 109
Vos chagrins font ouvrir les yeux d'une maîtresse;
Et j'en sais tel qui doit son destin le plus doux
Aux soins trop inquiets de son rival jaloux;
Enfin, quoi qu'il en soit, témoigner de l'ombrage,
C'est jouer en amour un mauvais personnage,
Et se rendre, après tout, misérable à crédit: 115
Cela, seigneur Éraste, en passant vous soit dit.

ÉRASTE

Eh bien! n'en parlons plus. Que venais-tu m'apprendre?

MARINETTE

Vous mériteriez bien que l'on vous fît attendre,
Qu'afin de vous punir je vous tinsse caché 119
Le grand secret pourquoi je vous ai tant cherché.
Tenez, voyez ce mot, et sortez hors de doute:
Lisez-le donc tout haut, personne ici n'écoute.

ÉRASTE, *lit*

'Vous m'avez dit que votre amour
Était capable de tout faire:
Il se couronnera lui-même dans ce jour, 125
S'il peut avoir l'aveu d'un père.
Faites parler les droits qu'on a dessus mon cœur;
Je vous en donne la licence;
Et si c'est en votre faveur,
Je vous réponds de mon obéissance.' 130

Ah! quel bonheur! O toi, qui me l'as apporté,
Je te dois regarder comme une déité.

GROS-RENÉ

Je vous le disais bien: contre votre croyance,
Je ne me trompe guère aux choses que je pense.

ÉRASTE, *lit*

'Faites parler les droits qu'on a dessus mon cœur;
Je vous en donne la licence; 136
Et si c'est en votre faveur,
Je vous réponds de mon obéissance.'

MARINETTE

Si je lui rapportais vos faiblesses d'esprit,
Elle désavouerait bientôt un tel écrit. 140

ÉRASTE

Ah! cache-lui, de grâce, une peur passagère,
Où mon âme a cru voir quelque peu de lumière;
Ou si tu la lui dis, ajoute que ma mort
Est prête d'expier l'erreur de ce transport,
Que je vais à ses pieds, si j'ai pu lui déplaire, 145
Sacrifier ma vie à sa juste colère.

MARINETTE

Ne parlons point de mort, ce n'en est pas le temps.

ÉRASTE

Au reste, je te dois beaucoup, et je prétends
Reconnaître dans peu, de la bonne manière,
Les soins d'une si noble et si belle courrière. 150

MARINETTE

A propos, savez-vous où je vous ai cherché
Tantôt encore?

ÉRASTE

Hé bien?

MARINETTE

Tout proche du marché
Où vous savez.

ÉRASTE

Où donc?

MARINETTE

Là, dans cette boutique
Où, dès le mois passé, votre cœur magnifique
Me promit, de sa grâce, une bague.

ÉRASTE

Ah! j'entends.

GROS-RENÉ

La matoise!

ÉRASTE

Il est vrai, j'ai tardé trop longtemps
A m'acquitter vers toi d'une telle promesse, 157
Mais...

MARINETTE

Ce que j'en ai dit, n'est pas que je vous presse.

GROS-RENÉ

Oh ! que non !

ÉRASTE, *lui donne sa bague*

Celle-ci peut-être aura de quoi
Te plaire : accepte-la pour celle que je doi. 160

MARINETTE

Monsieur, vous vous moquez ; j'aurais honte à la prendre.

GROS-RENÉ

Pauvre honteuse, prends, sans davantage attendre :
Refuser ce qu'on donne est bon à faire aux fous.

MARINETTE

Ce sera pour garder quelque chose de vous.

ÉRASTE

Quand puis-je rendre grâce à cet ange adorable ?

MARINETTE

Travaillez à vous rendre un père favorable. 166

ÉRASTE

Mais s'il me rebutait, dois-je...

MARINETTE

Alors comme alors !
Pour vous on emploiera toutes sortes d'efforts ;
D'une façon ou d'autre, il faut qu'elle soit vôtre :
Faites votre pouvoir, et nous ferons le nôtre. 170

ÉRASTE

Adieu: nous en saurons le succès dans ce jour.

(*Éraste relit la lettre tout bas.*)

MARINETTE

Et nous, que dirons-nous aussi de notre amour?
Tu ne m'en parles point.

GROS-RENÉ

Un hymen qu'on souhaite,
Entre gens comme nous, est chose bientôt faite:
Je te veux; me veux-tu de même?

MARINETTE

Avec plaisir.

GROS-RENÉ

Touche, il suffit.

MARINETTE

Adieu, Gros-René, mon désir.

GROS-RENÉ

Adieu, mon astre.

MARINETTE

Adieu, beau tison de ma flamme.

GROS-RENÉ

Adieu, chère comète, arc-en-ciel de mon âme.

(*Marinette sort.*)

Le bon Dieu soit loué! nos affaires vont bien:
Albert n'est pas un homme à vous refuser rien. 180

ÉRASTE

Valère vient à nous.

GROS-RENÉ

Je plains le pauvre hère,

Sachant ce qui se passe.

SCÈNE III

ÉRASTE, VALÈRE, GROS-RENÉ

ÉRASTE

Hé bien, seigneur Valère?

VALÈRE

Hé bien, seigneur Éraste?

ÉRASTE

En quel état l'amour?

VALÈRE

En quel état vos feux?

ÉRASTE

Plus forts de jour en jour.

VALÈRE

Et mon amour plus fort.

ÉRASTE

Pour Lucile?

VALÈRE

Pour elle.

ÉRASTE

Certes, je l'avouerai, vous êtes le modèle 186
D'une rare constance.

VALÈRE

Et votre fermeté
Doit être un rare exemple à la postérité.

ÉRASTE

Pour moi, je suis peu fait à cet amour austère
Qui dans les seuls regards trouve à se satisfaire, 190
Et je ne forme point d'assez beaux sentiments
Pour souffrir constamment les mauvais traitements:
Enfin, quand j'aime bien, j'aime fort que l'on m'aime.

VALÈRE

Il est très-naturel, et j'en suis bien de même:
Le plus parfait objet dont je serais charmé 195
N'aurait pas mes tributs, n'en étant point aimé.

ÉRASTE

Lucile cependant...

VALÈRE

Lucile, dans son âme,
Rend tout ce que je veux qu'elle rende à ma flamme.

ÉRASTE

Vous êtes donc facile à contenter?

VALÈRE

Pas tant

Que vous pourriez penser.

ÉRASTE

Je puis croire pourtant,

Sans trop de vanité, que je suis en sa grâce. 201

VALÈRE

Moi, je sais que j'y tiens une assez bonne place.

ÉRASTE

Ne vous abusez point, croyez-moi.

VALÈRE

Croyez-moi,

Ne laissez point duper vos yeux à trop de foi.

ÉRASTE

Si j'osais vous montrer une preuve assurée 205
Que son cœur...Non: votre âme en serait altérée.

VALÈRE

Si je vous osais, moi, découvrir en secret...
Mais je vous fâcherais, et veux être discret.

ÉRASTE

Vraiment, vous me poussez, et contre mon envie,
Votre présomption veut que je l'humilie. 210
Lisez.

VALÈRE, *après avoir lu*

Ces mots sont doux.

ÉRASTE

Vous connaissez la main?

VALÈRE

Oui, de Lucile.

ÉRASTE

Hé bien? cet espoir si certain...

VALÈRE, *riant et s'en allant*

Adieu, seigneur Éraste.

GROS-RENÉ

Il est fou, le bon sire:
Où vient-il donc pour lui de voir le mot pour rire?

ÉRASTE

Certes il me surprend, et j'ignore, entre nous, 215
Quel diable de mystère est caché là-dessous.

GROS-RENÉ

Son valet vient, je pense.

ÉRASTE

Oui, je le vois paraître.
Feignons, pour le jeter sur l'amour de son maître.

SCÈNE IV

MASCARILLE, ÉRASTE, GROS-RENÉ

MASCARILLE, *à part*

Non, je ne trouve point d'état plus malheureux
Que d'avoir un patron jeune et fort amoureux. 220

GROS-RENÉ

Bonjour.

MASCARILLE

Bonjour.

GROS-RENÉ

Où tend Mascarille à cette heure?
Que fait-il? revient-il? va-t-il? ou s'il demeure?

MASCARILLE

Non, je ne reviens pas, car je n'ai pas été;
Je ne vais pas aussi, car je suis arrêté; 224
Et ne demeure point, car tout de ce pas même
Je prétends m'en aller.

ÉRASTE

La rigueur est extrême:
Doucement, Mascarille.

MASCARILLE

Ha! Monsieur, serviteur.

ÉRASTE

Vous nous fuyez bien vite! Hé quoi? vous fais-je
peur?

MASCARILLE

Je ne crois pas cela de votre courtoisie.

ÉRASTE

Touche: nous n'avons plus sujet de jalousie; 230
Nous devenons amis, et mes feux, que j'éteins,
Laissent la place libre à vos heureux desseins.

MASCARILLE

Plût à Dieu!

ÉRASTE

Gros-René sait qu'ailleurs je me jette.

GROS-RENÉ

Sans doute, et je te cède aussi la Marinette.

MASCARILLE

Passons sur ce point-là: notre rivalité 235
N'est pas pour en venir à grande extrémité.
Mais est-ce un coup bien sûr que Votre Seigneurie
Soit désenamourée, ou si c'est raillerie?

ÉRASTE

J'ai su qu'en ses amours ton maître était trop bien;
Et je serais un fou de prétendre plus rien 240
Aux étroites faveurs qu'il a de cette belle.

MASCARILLE

Certes vous me plaisez avec cette nouvelle.
Outre qu'en nos projets je vous craignais un peu,
Vous tirez sagement votre épingle du jeu.
Oui, vous avez bien fait de quitter une place 245
Où l'on vous caressait pour la seule grimace;
Et mille fois, sachant tout ce qui se passait,
J'ai plaint le faux espoir dont on vous repaissait:
On offense un brave homme alors que l'on l'abuse.
Mais d'où diantre, après tout, avez-vous su la ruse? 250
Car cet engagement mutuel de leur foi
N'eut pour témoins, la nuit, que deux autres et moi;
Et l'on croit jusqu'ici la chaîne fort secrète,
Qui rend de nos amants la flamme satisfaite.

ÉRASTE

Hé! que dis-tu?

MASCARILLE

Je dis que je suis interdit, 255
Et ne sais pas, Monsieur, qui peut vous avoir dit
Que sous ce faux semblant, qui trompe tout le monde,
En vous trompant aussi, leur ardeur sans seconde
D'un secret mariage a serré le lien.

ÉRASTE

Vous en avez menti.

MASCARILLE

Monsieur, je le veux bien. 260

ÉRASTE

Vous êtes un coquin.

MASCARILLE

D'accord.

ÉRASTE

Et cette audace
Mériterait cent coups de bâton sur la place.

MASCARILLE

Vous avez tout pouvoir.

ÉRASTE

Ha! Gros-René.

GROS-RENÉ

Monsieur.

ÉRASTE

Je démens un discours dont je n'ai que trop peur.
(*A Mascarille.*) Tu penses fuir?

MASCARILLE

Nenni.

ÉRASTE

Quoi? Lucile est la femme... 265

MASCARILLE

Non, Monsieur: je raillais.

ÉRASTE

Ah ! vous railliez, infâme !

MASCARILLE

Non, je ne raillais point.

ÉRASTE

Il est donc vrai ?

MASCARILLE

Non pas,
Je ne dis pas cela.

ÉRASTE

Que dis-tu donc ?

MASCARILLE

Hélas !
Je ne dis rien, de peur de mal parler.

ÉRASTE

Assure
Ou si c'est chose vraie, ou si c'est imposture. 270

MASCARILLE

C'est ce qu'il vous plaira : je ne suis pas ici
Pour vous rien contester.

ÉRASTE, *tirant son épée*

Veux-tu dire ? Voici,
Sans marchander, de quoi te délier la langue.

MASCARILLE

Elle ira faire encor quelque sotte harangue!
Hé! de grâce, plutôt, si vous le trouvez bon, 275
Donnez-moi vitement quelques coups de bâton,
Et me laissez tirer mes chausses sans murmure.

ÉRASTE

Tu mourras, ou je veux que la vérité pure
S'exprime par ta bouche.

MASCARILLE

Hélas! je la dirai; 279
Mais peut-être, Monsieur, que je vous fâcherai.

ÉRASTE

Parle; mais prends bien garde à ce que tu vas faire:
A ma juste fureur rien ne te peut soustraire,
Si tu mens d'un seul mot en ce que tu diras.

MASCARILLE

J'y consens, rompez-moi les jambes et les bras,
Faites-moi pis encor, tuez-moi, si j'impose 285
En tout ce que j'ai dit ici la moindre chose.

ÉRASTE

Ce mariage est vrai?

MASCARILLE

Ma langue, en cet endroit,
A fait un pas de clerc dont elle s'aperçoit;
Mais enfin cette affaire est comme vous la dites,
Et c'est après cinq jours de nocturnes visites, 290

Tandis que vous serviez à mieux couvrir leur jeu,
Que depuis avant-hier ils sont joints de ce nœud;
Et Lucile depuis fait encor moins paraître
La violente amour qu'elle porte à mon maître.
Si malgré mes serments vous doutez de ma foi,
Gros-René peut venir une nuit avec moi, 296
Et je lui ferai voir, étant en sentinelle,
Que nous avons dans l'ombre un libre accès chez
elle.

ÉRASTE

Ote-toi de mes yeux, maraud.

MASCARILLE

Et de grand cœur;
C'est ce que je demande. (*Mascarille sort.*)

ÉRASTE

Hé bien?

GROS-RENÉ

Hé bien, Monsieur, 300
Nous en tenons tous deux, si l'autre est véritable.

ÉRASTE

Las! il ne l'est que trop, le bourreau détestable.
Je vois trop d'apparence à tout ce qu'il a dit;
Et ce qu'a fait Valère, en voyant cet écrit,
Marque bien leur concert, et que c'est une
baie 305
Qui sert sans doute aux feux dont l'ingrate le paie.

SCÈNE V

MARINETTE, GROS-RENÉ, ÉRASTE

MARINETTE

Je viens vous avertir que tantôt sur le soir
Ma maîtresse au jardin vous permet de la voir.

ÉRASTE

Oses-tu me parler, âme double et traîtresse?
Va, sors de ma présence, et dis à ta maîtresse 310
Qu'avecque ses écrits elle me laisse en paix,
Et que voilà l'état, infâme, que j'en fais.
(*Il déchire la lettre et sort.*)

MARINETTE

Gros-René, dis-moi donc quelle mouche le pique?

GROS-RENÉ

M'oses-tu bien encor parler, femelle inique,
Crocodile trompeur, de qui le cœur félon 315
Est pire qu'un satrape ou bien qu'un Lestrigon?
Va, va rendre réponse à ta bonne maîtresse,
Et lui dis bien et beau que, malgré sa souplesse,
Nous ne sommes plus sots, ni mon maître, ni moi,
Et désormais qu'elle aille au diable avecque toi.

MARINETTE, *seule*

Ma pauvre Marinette, es-tu bien éveillée? 321
De quel démon est donc leur âme travaillée?
Quoi? faire un tel accueil à nos soins obligeants!
Oh! que ceci chez nous va surprendre les gens!

ACTE DEUXIÈME

SCÈNE I

LUCILE, MARINETTE

LUCILE

Quoi! me traiter ainsi! Qui l'eût pu jamais croire?
Lorsqu'à le rendre heureux je mets toute ma gloire.
C'en est fait, aujourd'hui je prétends me venger,
Et si cette action a de quoi l'affliger,
C'est toute la douceur que mon cœur se propose;
Le dépit fait en moi cette métamorphose; 330
Je veux chérir Valère après tant de fierté,
Et mes vœux maintenant tournent de son côté.

MARINETTE

La résolution, Madame, est assez prompte.

LUCILE

Un cœur ne pèse rien alors que l'on l'affronte;
Il court à sa vengeance, et saisit promptement
Tout ce qu'il croit servir à son ressentiment. 336
Le traître! faire voir cette insolence extrême!

MARINETTE

Vous m'en voyez encor toute hors de moi-même;
Et quoique là-dessus je rumine sans fin,
L'aventure me passe, et j'y perds mon latin. 340

Car enfin, aux transports d'une bonne nouvelle
Jamais cœur ne s'ouvrit d'une façon plus belle;
De l'écrit obligeant le sien tout transporté
Ne me donnait pas moins que de la déité;
Et cependant jamais, à cet autre message, 345
Fille ne fut traitée avecque tant d'outrage.
Je ne sais, pour causer de si grands changements,
Ce qui s'est pu passer entre ces courts moments.

LUCILE

Rien ne s'est pu passer dont il faille être en peine,
Puisque rien ne le doit défendre de ma haine. 350
Quoi? tu voudrais chercher hors de sa lâcheté
La secrète raison de cette indignité?
Cet écrit malheureux, dont mon âme s'accuse,
Peut-il à son transport souffrir la moindre excuse?

MARINETTE

En effet, je comprends que vous avez raison, 355
Et que cette querelle est pure trahison:
Nous en tenons, Madame. Et puis prêtons l'oreille
Aux bons chiens de pendards qui nous chantent merveille,
Qui pour nous accrocher feignent tant de langueur!
Laissons à leurs beaux mots fondre notre rigueur,
Rendons-nous à leurs vœux, trop faibles que nous sommes! 361
Foin de notre sottise, et peste soit des hommes!

LUCILE

Hé bien, bien ! qu'il s'en vante et rie à nos dépens :
Il n'aura pas sujet d'en triompher longtemps ;
Et je lui ferai voir qu'en une âme bien faite 365
Le mépris suit de près la faveur qu'on rejette.

MARINETTE

Au moins, en pareil cas, est-ce un bonheur bien doux
Quand on sait qu'on n'a point d'avantage sur vous.
Marinette eut bon nez, quoi qu'on en puisse dire,
De ne permettre rien un soir qu'on voulait rire.
Quelque autre, sous espoir de matrimonion, 371
Aurait ouvert l'oreille à la tentation ;
Mais moi, *nescio vos.*

LUCILE

Que tu dis de folies,
Et choisis mal ton temps pour de telles saillies !
Enfin je suis touchée au cœur sensiblement ; 375
Et si jamais celui de ce perfide amant,
Par un coup de bonheur, dont j'aurais tort, je pense,
De vouloir à présent concevoir l'espérance
(Car le Ciel a trop pris plaisir à m'affliger,
Pour me donner celui de me pouvoir venger), 380
Quand, dis-je, par un sort à mes désirs propice,
Il reviendrait m'offrir sa vie en sacrifice,

Détester à mes pieds l'action d'aujourd'hui,
Je te défends surtout de me parler pour lui:
Au contraire, je veux que ton zèle s'exprime 385
A me bien mettre aux yeux la grandeur de son crime;
Et même, si mon cœur était pour lui tenté
De descendre jamais à quelque lâcheté,
Que ton affection me soit alors sévère,
Et tienne comme il faut la main à ma colère. 390

MARINETTE

Vraiment, n'ayez point peur, et laissez faire à nous:
J'ai pour le moins autant de colère que vous;
Et je serais plutôt fille toute ma vie,
Que mon gros traître aussi me redonnât envie.
Il vient, retirons-nous; laissons-les, croyez-moi,
Sans chercher de raison de leur mauvaise foi. 396
(*Elles vont pour sortir.*)

SCÈNE II

LUCILE, MARINETTE, GROS-RENÉ

GROS-RENÉ

Ah! Madame, arrêtez, écoutez-moi de grâce:
Mon maître se désole, et ce n'est pas grimace;
Le billet que voici va vous dire pourquoi...

LUCILE

Va, va, je fais état de lui comme de toi ; 400
Qu'il me laisse tranquille. (*Elle sort.*)

GROS-RENÉ

Et toi donc, ma princesse,
A son exemple aussi feras-tu la tigresse ?

MARINETTE

Allons, laisse-nous là, beau valet de carreau ;
Penses-tu que l'on soit bien tenté de ta peau ?

GROS-RENÉ

Fort bien ; pour compléter mon illustre ambassade,
Il ne me manque plus qu'un peu de bastonnade.

SCÈNE III

ÉRASTE, GROS-RENÉ

GROS-RENÉ

Ah ! vous voilà, Monsieur : vous venez à propos
Pour avoir la réponse.

ÉRASTE

Allons, vite, en deux mots :
As-tu trouvé Lucile ? As-tu remis ma lettre ?
Dis, quel succès heureux puis-je enfin me promettre ? 410

GROS-RENÉ

Là, là, tout doucement: moins de vivacité
Conviendrait un peu mieux à l'amour molesté.
Le vôtre est dans ce cas, Monsieur.

ÉRASTE

Que veux-tu dire?

GROS-RENÉ

Mais que vous auriez pu vous dispenser d'écrire:
Car voilà votre lettre.

ÉRASTE

Encore rebuté? 415

GROS-RENÉ

Jamais ambassadeur ne fut moins écouté:
A peine ai-je voulu lui porter la nouvelle
Du moment d'entretien que vous souhaitiez d'elle,
Qu'elle m'a répondu, tenant son quant-à-moi:
'Va, va, je fais état de lui comme de toi; 420
Dis-lui qu'il se promène'; et sur ce beau langage,
Pour suivre son chemin m'a tourné le visage;
Et Marinette aussi, d'un dédaigneux museau
Lâchant un 'Laisse-nous, beau valet de carreau,'
M'a planté là comme elle: et mon sort et le vôtre
N'ont rien à se pouvoir reprocher l'un à l'autre.

ÉRASTE

L'ingrate! recevoir avec tant de fierté 427
Le prompt retour d'un cœur justement emporté!

Quoi? le premier transport d'un amour qu'on abuse
Sous tant de vraisemblance est indigne d'excuse?
Et ma plus vive ardeur, en ce moment fatal, 431
Devait être insensible au bonheur d'un rival?
Tout autre n'eût pas fait même chose en ma place,
Et se fût moins laissé surprendre à tant d'audace?
De mes justes soupçons suis-je sorti trop tard? 435
Je n'ai point attendu de serments de sa part;
Et lorsque tout le monde encor ne sait qu'en croire,
Ce cœur impatient lui rend toute sa gloire,
Il cherche à s'excuser; et le sien voit si peu
Dans ce profond respect la grandeur de mon feu! 440
Loin d'assurer une âme, et lui fournir des armes
Contre ce qu'un rival lui veut donner d'alarmes,
L'ingrate m'abandonne à mon jaloux transport,
Et rejette de moi message, écrit, abord!
Ha! sans doute, un amour a peu de violence, 445
Qu'est capable d'éteindre une si faible offense;
Et ce dépit si prompt à s'armer de rigueur
Découvre assez pour moi tout le fond de son cœur,
Et de quel prix doit être à présent à mon âme
Tout ce dont son caprice a pu flatter ma flamme.
Non, je ne prétends plus demeurer engagé 451
Pour un cœur où je vois le peu de part que j'ai;

Et puisque l'on témoigne une froideur extrême
A conserver les gens, je veux faire de même.

GROS-RENÉ

Et moi de même aussi : soyons tous deux fâchés,
Et mettons notre amour au rang des vieux péchés.
Il faut apprendre à vivre à ce sexe volage, 457
Et lui faire sentir que l'on a du courage.
Qui souffre ses mépris les veut bien recevoir.
Si nous avions l'esprit de nous faire valoir, 460
Les femmes n'auraient pas la parole si haute.
Oh ! qu'elles nous sont bien fières par notre faute !
Je veux être pendu, si nous ne les verrions
Sauter à notre cou plus que nous ne voudrions,
Sans tous ces vils devoirs dont la plupart des hommes 465
Les gâtent tous les jours dans le siècle où nous sommes.

ÉRASTE

Pour moi, sur toute chose, un mépris me surprend ;
Et pour punir le sien par un autre aussi grand,
Je veux mettre en mon cœur une nouvelle flamme.

GROS-RENÉ

Et moi, je ne veux plus m'embarrasser de femme :
A toutes je renonce, et crois, en bonne foi, 471
Que vous feriez fort bien de faire comme moi.
Car, voyez-vous, la femme est, comme on dit, mon maître,

Un certain animal difficile à connaître,
Et de qui la nature est fort encline au mal; 475
Et comme un animal est toujours animal,
Et ne sera jamais qu'animal, quand sa vie
Durerait cent mille ans, aussi, sans repartie,
La femme est toujours femme, et jamais ne sera
Que femme, tant qu'entier le monde durera; 480
D'où vient qu'un certain Grec dit que sa tête passe
Pour un sable mouvant; car, goûtez bien, de grâce,
Ce raisonnement-ci, lequel est des plus forts:
Ainsi que la tête est comme le chef du corps,
Et que le corps sans chef est pire qu'une bête: 485
Si le chef n'est pas bien d'accord avec la tête,
Que tout ne soit pas bien réglé par le compas,
Nous voyons arriver de certains embarras;
La partie brutale alors veut prendre empire
Dessus la sensitive, et l'on voit que l'un tire 490
A dia, l'autre à hurhau; l'un demande du mou,
L'autre du dur; enfin tout va sans savoir où:
Pour montrer qu'ici-bas, ainsi qu'on l'interprète,
La tête d'une femme est comme la girouette
Au haut d'une maison, qui tourne au premier
vent. 495
C'est pourquoi le cousin Aristote souvent
La compare à la mer; d'où vient qu'on dit qu'au
monde
On ne peut rien trouver de si stable que l'onde.
Or, par comparaison (car la comparaison

Nous fait distinctement comprendre une raison,
Et nous aimons bien mieux, nous autres gens
d'étude, 501
Une comparaison qu'une similitude),
Par comparaison donc, mon maître, s'il vous plaît,
Comme on voit que la mer, quand l'orage s'accroît,
Vient à se courroucer; le vent souffle et ravage,
Les flots contre les flots font un remu-ménage
Horrible; et le vaisseau, malgré le nautonier, 507
Va tantôt à la cave, et tantôt au grenier:
Ainsi, quand une femme a sa tête fantasque,
On voit une tempête en forme de bourrasque, 510
Qui veut compétiter par de certains...propos;
Et lors un...certain vent, qui par...de certains
flots,
De...certaine façon, ainsi qu'un banc de sable...
Quand... Les femmes enfin ne valent pas le diable.

ÉRASTE

C'est fort bien raisonner.

GROS-RENÉ

Assez bien, Dieu merci. 515
Mais je les vois, Monsieur, qui passent par ici.
Tenez-vous ferme, au moins.

ÉRASTE

Ne te mets pas en peine.

GROS-RENÉ

J'ai bien peur que ses yeux resserrent votre chaîne.

SCÈNE IV

ÉRASTE, LUCILE, MARINETTE, GROS-RENÉ

MARINETTE

Je l'aperçois encor; mais ne vous rendez point.

LUCILE

Ne me soupçonne pas d'être faible à ce point. 520

MARINETTE

Il vient à nous.

ÉRASTE

Non, non, ne croyez pas, Madame,
Que je revienne encor vous parler de ma flamme.
C'en est fait; je me veux guérir, et connais bien
Ce que de votre cœur a possédé le mien.
Un courroux si constant pour l'ombre d'une offense 525
M'a trop bien éclairé de votre indifférence,
Et je dois vous montrer que les traits du mépris
Sont sensibles surtout aux généreux esprits.
Je l'avouerai, mes yeux observaient dans les vôtres
Des charmes qu'ils n'ont point trouvés dans tous les autres, 530
Et le ravissement où j'étais de mes fers
Les aurait préférés à des sceptres offerts:
Mais enfin il n'importe, et puisque votre haine
Chasse un cœur tant de fois que l'amour vous ramène,

C'est la dernière ici des importunités 535
Que vous aurez jamais de mes vœux rebutés.

LUCILE

Vous pouvez faire aux miens la grâce toute entière,
Monsieur, et m'épargner encor cette dernière.

ÉRASTE

Hé bien, Madame, hé bien, ils seront satisfaits!
Je romps avecque vous, et j'y romps pour jamais,
Puisque vous le voulez: que je perde la vie 541
Lorsque de vous parler je reprendrai l'envie!

LUCILE

Tant mieux, c'est m'obliger.

ÉRASTE

Non, non, n'ayez pas peur
Que je fausse parole: eussé-je un faible cœur
Jusques à n'en pouvoir effacer votre image, 545
Croyez que vous n'aurez jamais cet avantage
De me voir revenir.

LUCILE

Ce serait bien en vain.

ÉRASTE

Moi-même de cent coups je percerais mon sein,
Si j'avais jamais fait cette bassesse insigne,
De vous revoir après ce traitement indigne. 550

LUCILE

Soit, n'en parlons donc plus.

ÉRASTE

Oui, oui, n'en parlons plus;
Et pour trancher ici tous propos superflus,
Et vous donner, ingrate, une preuve certaine
Que je veux, sans retour, sortir de votre chaîne,
Je ne veux rien garder qui puisse retracer 555
Ce que de mon esprit il me faut effacer.
Voici votre portrait: il présente à la vue
Cent charmes merveilleux dont vous êtes pourvue;
Mais il cache sous eux cent défauts aussi grands,
Et c'est un imposteur enfin que je vous rends. 560

GROS-RENÉ

Bon.

LUCILE

Et moi, pour vous suivre au dessein de tout rendre,
Voilà le diamant que vous m'aviez fait prendre.

MARINETTE

Fort bien.

ÉRASTE

Il est à vous encor ce bracelet.

LUCILE

Et cette agate à vous, qu'on fit mettre en cachet.

ÉRASTE, *lit*

'Vous m'aimez d'une amour extrême, 565
Éraste, et de mon cœur voulez être éclairci :
Si je n'aime Éraste de même,
Au moins aimé-je fort qu'Éraste m'aime ainsi.
LUCILE.'

ÉRASTE, *continue*

Vous m'assuriez par là d'agréer mon service?
C'est une fausseté digne de ce supplice. 570
(*Il déchire la lettre.*)

LUCILE, *lit*

'J'ignore le destin de mon amour ardente,
Et jusqu'à quand je souffrirai;
Mais je sais, ô beauté charmante,
Que toujours je vous aimerai. ÉRASTE.'

(*Elle continue.*)

Voilà qui m'assurait à jamais de vos feux? 575
Et la main et la lettre ont menti toutes deux.
(*Elle déchire la lettre.*)

GROS-RENÉ, *à Éraste*

Poussez.

ÉRASTE, *montrant une autre lettre*

Elle est de vous; suffit: même fortune.
(*Il la déchire.*)

MARINETTE, *à Lucile*

Ferme.

LUCILE, *déchirant une autre lettre*

J'aurais regret d'en épargner aucune.

GROS-RENÉ, *à Éraste*

N'ayez pas le dernier.

MARINETTE, *à Lucile*

Tenez bon jusqu'au bout.

LUCILE

Enfin, voilà le reste.

ÉRASTE

Et, grâce au Ciel, c'est tout.

Que sois-je exterminé, si je ne tiens parole! 581

LUCILE

Me confonde le Ciel, si la mienne est frivole!

ÉRASTE

Adieu donc.

LUCILE

Adieu donc.

MARINETTE, *à Lucile*

Voilà qui va des mieux.

GROS-RENÉ, *à Éraste*

Vous triomphez.

MARINETTE, *à Lucile*

Allons, ôtez-vous de ses yeux.

GROS-RENÉ, *à Éraste*

Retirez-vous après cet effort de courage. 585

MARINETTE, *à Lucile*

Qu'attendez-vous encor?

GROS-RENÉ, *à Éraste*

Que faut-il davantage?

ÉRASTE

Ha! Lucile, Lucile, un cœur comme le mien
Se fera regretter, et je le sais fort bien.

LUCILE

Éraste, Éraste, un cœur fait comme est fait le vôtre
Se peut facilement réparer par un autre. 590

ÉRASTE

Non, non: cherchez partout, vous n'en aurez jamais
De si passionné pour vous, je vous promets.
Je ne dis pas cela pour vous rendre attendrie:
J'aurais tort d'en former encore quelque envie.
Mes plus ardents respects n'ont pu vous obliger;
Vous avez voulu rompre: il n'y faut plus songer;
Mais personne, après moi, quoi qu'on vous fasse entendre, 597
N'aura jamais pour vous de passion si tendre.

LUCILE

Quand on aime les gens, on les traite autrement;
On fait de leur personne un meilleur jugement.

ÉRASTE

Quand on aime les gens, on peut, de jalousie, 601
Sur beaucoup d'apparence, avoir l'âme saisie;

Mais alors qu'on les aime, on ne peut en effet
Se résoudre à les perdre, et vous, vous l'avez fait.

LUCILE

La pure jalousie est plus respectueuse. 605

ÉRASTE

On voit d'un œil plus doux une offense amoureuse.

LUCILE

Non, votre cœur, Éraste, était mal enflammé.

ÉRASTE

Non, Lucile, jamais vous ne m'avez aimé.

LUCILE

Eh! je crois que cela faiblement vous soucie.
Peut-être en serait-il beaucoup mieux pour ma
vie, 610
Si je... Mais laissons là ces discours superflus:
Je ne dis point quels sont mes pensers là-dessus.

ÉRASTE

Pourquoi?

LUCILE

Par la raison que nous rompons ensemble,
Et que cela n'est plus de saison, ce me semble.

ÉRASTE

Nous rompons?

LUCILE

Oui, vraiment: quoi? n'en est-ce
pas fait? 615

ÉRASTE

Et vous voyez cela d'un esprit satisfait?

LUCILE

Comme vous.

ÉRASTE

Comme moi?

LUCILE

Sans doute: c'est faiblesse
De faire voir aux gens que leur perte nous blesse.

ÉRASTE

Mais, cruelle, c'est vous qui l'avez bien voulu.

LUCILE

Moi? Point du tout; c'est vous qui l'avez résolu.

ÉRASTE

Moi? Je vous ai cru là faire un plaisir extrême.

LUCILE

Point: vous avez voulu vous contenter vous-même.

ÉRASTE

Mais si mon cœur encor revoulait sa prison,...
Si, tout fâché qu'il est, il demandait pardon?...

LUCILE

Non, non, n'en faites rien: ma faiblesse est trop grande, 625
J'aurais peur d'accorder trop tôt votre demande.

ÉRASTE

Ha! vous ne pouvez pas trop tôt me l'accorder,
Ni moi sur cette peur trop tôt le demander.
Consentez-y, Madame: une flamme si belle
Doit, pour votre intérêt, demeurer immortelle.
Je le demande enfin: me l'accorderez-vous, 631
Ce pardon obligeant?

LUCILE

Remenez-moi chez nous.

SCÈNE V ET DERNIÈRE

MARINETTE, GROS-RENÉ

MARINETTE

Oh! la lâche personne!

GROS-RENÉ

Ha! le faible courage!

MARINETTE

J'en rougis de dépit.

GROS-RENÉ

J'en suis gonflé de rage.
Ne t'imagine pas que je me rende ainsi. 635

MARINETTE

Et ne pense pas, toi, trouver ta dupe aussi.

GROS-RENÉ

Viens, viens frotter ton nez auprès de ma colère.

MARINETTE

Tu nous prends pour une autre, et tu n'as pas
affaire
A ma sotte maîtresse. Ardez le beau museau,
Pour nous donner envie encore de sa peau ! 640
Moi, j'aurais de l'amour pour ta chienne de face?
Moi, je te chercherais? Ma foi, l'on t'en fricasse
Des filles comme nous!

GROS-RENÉ

Oui? tu le prends par là?
Tiens, tiens, sans y chercher tant de façon, voilà
Ton beau galand de neige, avec ta nonpareille:
Il n'aura plus l'honneur d'être sur mon oreille. 646

MARINETTE

Et toi, pour te montrer que tu m'es à mépris,
Voilà ton demi-cent d'épingles de Paris,
Que tu me donnas hier avec tant de fanfare.

GROS-RENÉ

Tiens encor ton couteau; la pièce est riche et
rare; 650
Il te coûta six blancs lorsque tu m'en fis don.

MARINETTE

Tiens tes ciseaux, avec ta chaîne de laiton.

GROS-RENÉ

J'oubliais d'avant-hier ton morceau de fromage:
Tiens. Je voudrais pouvoir rejeter le potage
Que tu me fis manger, pour n'avoir rien à toi. 655

MARINETTE

Je n'ai point maintenant de tes lettres sur moi;
Mais j'en ferai du feu jusques à la dernière.

GROS-RENÉ

Et des tiennes tu sais ce que j'en saurai faire?

MARINETTE

Prends garde à ne venir jamais me reprier.

GROS-RENÉ

Pour couper tout chemin à nous rapatrier, 660
Il faut rompre la paille: une paille rompue
Rend, entre gens d'honneur, une affaire conclue.
Ne fais point les doux yeux: je veux être fâché.

MARINETTE

Ne me lorgne point, toi: j'ai l'esprit trop touché.

GROS-RENÉ

Romps: voilà le moyen de ne s'en plus dédire.
Romps: tu ris, bonne bête?

MARINETTE

Oui, car tu me fais rire.

GROS-RENÉ

La peste soit ton ris! Voilà tout mon courroux
Déjà dulcifié. Qu'en dis-tu? romprons-nous, 668
Ou ne romprons-nous pas?

MARINETTE

Vois.

GROS-RENÉ

Vois, toi.

MARINETTE

Vois, toi-même.

GROS-RENÉ

Est-ce que tu consens que jamais je ne t'aime? 670

MARINETTE

Moi? Ce que tu voudras.

GROS-RENÉ

Ce que tu voudras, toi:

Dis.

MARINETTE

Je ne dirai rien.

GROS-RENÉ

Ni moi non plus.

MARINETTE

Ni moi.

GROS-RENÉ

Ma foi, nous ferons mieux de quitter la grimace:
Touche, je te pardonne.

MARINETTE

Et moi, je te fais grâce.

GROS-RENÉ

Mon Dieu! qu'à tes appas je suis acoquiné! 675

MARINETTE

Que Marinette est sotte après son Gros-René!

GROS-RENÉ

Allons chez le notaire, et qu'un bon mariage,
S'il en est, soit le fruit de ce rapatriage.

FIN DU DEUXIÈME ET DERNIER ACTE

NOTES

THE AUTHOR

MOLIÈRE (1622–1673), a contemporary of Milton and Dryden, was born in Paris some six years after the death of Shakespeare, and three years before the accession of Charles I to the English throne. But the Protectorate of Oliver Cromwell had already ended when, after long years of fruitful experience as playwright and actor-manager in the provinces, the dramatist established his little company in the capital (1658) under the protection—never afterwards withdrawn—of the young king Louis XIV. From this time until his premature death (1673) his career was marked by a succession of brilliant comedies which have made his name immortal.

For a detailed record of his life and work the student is referred to the standard books of reference which are easily accessible in every well-equipped library.

THE TEXT OF THE PLAY

When the scenes of the *Dépit amoureux* proper were detached from the composite play of the same name (available in any complete edition of Molière's works), their arrangement as a self-contained comedy involved certain textual modifications, a record of which mày not be without interest for the literary student.

Act I of the comedy as here printed is identical with the corresponding act of the composite play, except for the omission of the lines numbered 29–40 and 307–310 in the latter. These passages, had they been retained, would respectively follow lines 28 and 294 of the present text.

Act II reproduces successively, with a few additions, the text of Act II, Scene iv and of Act IV, Scenes ii, iii, and iv of the composite play. The additions are: (*a*) the lines here numbered 327–332 (borrowed, with slight verbal alterations, from Act II, Scene iii of the composite play), with an introductory couplet (ll. 325, 6) prefixed for reasons of prosody; (*b*) the couplet composed of lines 395, 6; (*c*) the lines numbered 397–415 (incorporating a few expressions taken from other lines of the play); and (*d*) the concluding couplet (ll. 677, 8). Eight lines of this Act are omitted between those numbered 532 and 533 in the rearranged text.

Apart from the omissions indicated, interference with Molière's text is thus limited to some 30 lines at most out of 678—a small price to pay for the redintegration of so delightful a comedy.

ACT I

(The numbers are those of the lines in the text to which the notes refer)

1. **die,** an archaic form of **dise.**

atteinte, tantamount here to *misgiving.*

2. **en une bonne assiette,** *at ease.*

3. **repartir,** *reply* (by way of counter-argument).

5, 6. dependent on **craint** (l. 4).

8. **n'en déplaise...,** *craving your worshipful Love's pardon.*

11. **de mon minois,** *with a face like mine.*

14. **rond.** Du Parc, who played this part, was a fat man, and his real name was *René* Berthelot. *A plump round man in every kind of way.*

15. **Pour que...trompât,** *as for my being hoodwinked.*

18. **Sur quoi...prendre martel en tête,** *what ground you can have had for harbouring suspicion.*

25. **tout ce que d'ardeur,** i.e. **toute l'ardeur que....**

30. **lieu de rêver,** *good cause to ponder anxiously.*

dessus, archaic for **sur.** **aventure,** *happening.*

32. **connaissant,** *realising.*

37. **fatale,** *fateful.*

38. **dedans,** archaic for **dans.**

39. **si de cette vue...,** *if our disdain be not intensifiea by the sight.*

43. **piqué,** *perturbed.*

46. Note that **voient** is dissyllabic. In modern French verse, a word the 'mute' *e* of whose last syllable is immediately preceded by another vowel is only employed in the interior of a line if this 'mute' *e* be final and the following word begin with a vowel or *h* 'mute.'

48. **sans sujet ni demi,** *without the ghost of a reason.*

52. **chômer,** *keep* (a festival, etc.). *Why meet trouble half-way?*

55. **mêmes.** An alternative form of **même,** giving an additional syllable before a word beginning with a vowel.

58. **Celle,** sc. **la fortune.**

71. **St,** *hist*!

72. **sur,** i.e. *talking about.*

74. The Basque mountaineers were proverbially agile.

je meure, *may I die* (*if you haven't*), i.e. *upon my life you have.*

77. **temple,** i.e. **église.** The latter term was commonly avoided in plays. The church was a fashionable rendezvous of ladies and their gallants.

cours, *promenade.*

78. **Il fallait en jurer,** *you might have sworn to that* (cf. **je vous promets** in l. 76).

87. **plaisant mouvement,** *ridiculous notion.*

89 (and *passim*): **encor,** an alternative spelling of **encore,** giving a syllable less when a consonant immediately follows.

91. **Bagatelle**! (to be taken as though at the end of the line), *not a bit of it, that it won't!*

92. **jusques.** See note on **mêmes** (l. 55).

95. **Je vous croyais,** *I thought you had* (a possessive use of the dative).

99. **badin,** *silly.*

101. **cautionne,** *assures.*

104. **diantre,** euphemistic for **diable.**

106. **Jamais,** i.e. *never harbour....*

107. **se mettre mal,** *place one's self at a disadvantage.*

109. **de qui,** where modern usage would substitute **dont.**

113. **ombrage,** *suspicion.*

115. **à crédit,** *uselessly, to no purpose.*

126. **aveu,** *consent, approval.*

127. **dessus,** as in l. 30.

140. **désavouerait.** Note that, in any other syllable of a word but the last, a 'mute' *e* preceded by another vowel is not sounded. Hence such alternative spellings as **désavoûrait.** For other instances cf. ll. 168, 186, 529.

142. **lumière,** i.e. *glimmer of justification.*

144. **transport,** *jealous outburst.*

148. **prétends,** *mean, intend.*

150. **courrière,** *messenger.*

155. **de sa grâce,** i.e. *spontaneously.*

156. **matoise!** *sly hussy!*

160. **doi.** This form is still sometimes used in the first person (where it is historically correct) in order that the rhyme may satisfy the eye as well as the ear.

161. **vous vous moquez,** *you can't mean it.*

167. **Alors comme alors!** i.e. *then we'll do the best we can! wait till the time comes!*

171. **succès,** *outcome, result.*

176. **Touche,** *your hand on't.*

177. **tison,** *torch.*

180. Albert is Lucile's father (who plays a considerable part in the composite play).

181. **hère,** *wretch.*

189. **peu fait à,** *no adept in.*

194. **Il,** i.e. **cela.**

206. **altérée,** *upset.*

210. **l(a),** sc. **votre présomption.**

213. **le bon sire,** *the poor gent.*

214. **de voir,** dependent on **vient-il.**

le mot pour rire, *anything to laugh at.*

222. **si,** dependent on an unexpressed verb.

224. **aussi,** in modern usage **non plus.**

226. **prétends,** as in l. 148.

La rigueur est extrême, i.e. *he's monstrously precise.*

230. **Touche,** *shake hands!* Cf. l. 176.

237. **coup,** used vaguely in the sense of **chose.**

238. **ou si c'est,** *or is it...?* Cf. l. 222.

240. **de prétendre plus rien,** *to lay any further claim.*

241. **étroites,** *intimate.*

244. **Vous tirez...jeu,** *you are well advised to stand out of the game.*

246. **la seule grimace,** *mere pretence.*

255. **interdit,** *nonplussed.*

262. **sur la place,** equivalent to **sur le champ,** *straight away.*

265. **Nenni,** a colloquial equivalent of **non.** Pronounce **nani.**

267. **Il = cela.**

269. **Assure,** *tell me plainly.*

273. **Sans marchander,** i.e. *without more ado.*

277. **tirer mes chausses,** *get away, make off.*

285. **si j'impose...,** i.e. *if every word of what I've just said isn't gospel truth.* In this infrequent transitive use **imposer** means *to pass off falsely as true, to misrepresent.*

287. **en cet endroit,** *with regard to that,* i.e. *in blurting that out.*

288. **un pas de clerc,** *a silly slip.*

299. **de grand cœur,** *right willingly.*

301. **nous en tenons,** *we are fooled.*

si l'autre est véritable, i.e. *if the fellow is trustworthy.*

302. **Las!** a shorter form of **hélas!**

303. **apparence,** *probability.*

305. **une baie,** *a trick, a blind.*

311. **avecque,** an alternative form of **avec,** giving an additional syllable when used in verse and immediately followed by a consonant.

312. **l'état...que j'en fais,** *the importance I attach to them.*

313. **quelle mouche le pique,** *what he's in such a huff about.*

316. **Lestrigon,** *ogre.* The Laestrygones (Odyssey x)

were a fabulous race of man-eating giants whose name had found its way into French comedy as connoting ruthless cruelty.

318. **bien et beau,** *flatly and roundly.*

souplesse, *adroitness.*

320. **avecque.** Cf. l. 311, and note the syllabic value of **diable.**

322. **travaillée,** *tormented.*

324. **que,** i.e. **combien.** Cf. ll. 373 and 462.

ACT II

327. **C'en est fait,** *'tis over!*

je prétends, cf. l. 148.

329. *That's the only satisfaction I can hope to get out of it.*

331. **après tant de fierté,** *after treating him so disdainfully.*

332. **vœux,** i.e. *love.*

334. **pèse,** i.e. **considère.**

340. **me passe,** *is beyond me.*

j'y perds mon latin, *I am nonplussed.*

344. *dubbed me nothing less than goddess.* Cf. l. 132.

348. **s'est pu passer,** i.e. **a pu se passer.**

entre..., *within so short an interval.*

357. Cf. l. 301.

358. *to the fawning rascals with their glib professions.* **Chanter merveille** is *to make golden promises.*

362. *A plague on our folly and deuce take the men!*

365. **faite,** i.e. **constituée.**

369. **eut bon nez,** *was shrewdly advised.*

371. **matrimonion,** the popular pronunciation of **matrimonium.**

373. **nescio vos,** a tag from the Latin version of the gospels (Matt. xxv, 12).

381. **Quand,** *even if.*

383. **Détester,** *express his abhorrence of.*

390. **tienne...la main à,** *uphold, encourage.*

394. **Que,** *than that.* For **gros** cf. l. 14.

398. **grimace,** cf. l. 246.

400. **je fais état de...,** cf. l. 312.

403. **beau valet de carreau,** *you precious jack o' lozenge.* This expression (literally *knave of diamonds*) was often thus used contemptuously to denote a person of no importance.

404. **peau,** i.e. **personne.**

410. **succès,** cf. l. 171.

419. **tenant son quant-à-moi,** *all hoity-toity like.*

420. Cf. ll. 312 and 400.

421. **qu'il se promène,** i.e. *to make himself scarce.*

423. **d'un dédaigneux museau,** *cocking her precious nose.*

424. Cf. l. 403.

425. **M'a planté là,** *left me in the lurch.*

430. **Sous tant de vraisemblance,** *so seemingly.*

434. **à,** *by* (agent).

442. **ce que...d'alarmes,** i.e. **toutes les alarmes que....**

444. **abord,** i.e. *my request for an interview.*

445. **sans doute...a peu de violence,** *is surely but lukewarm.*

451. Cf. l. 148.

459. **Qui,** i.e. **celui qui.**

460. **nous faire valoir,** *stick up for ourselves.*

461. **n'auraient pas...,** *wouldn't talk so high and mighty.*

465. *If it wasn't for all that truckling "humble servant" business.*

477. **quand,** cf. l. 381.

478. **sans repartie,** i.e. *and there's no denying it.*

479. So Erasmus (†1536) in his *Praise of Folly*: "a woman is a woman still, that is to say foolish, let her put on whatever vizard she pleases." (Wilson's translation, 1668.)

481. Gros-René's "Greek" would seem to be invented for the occasion, and the attribution of a later statement (l. 497) to "friend Aristotle" is equally fanciful. But both the comparisons in question may be found in earlier French writings of the 16th and 17th centuries.

482. **goûtez bien...,** *pray relish to the full....*

487. **Que** resumes **si** (l. 486).

par le compas, *to a T.*

489. **partie.** A trisyllable (cf. note on l. 46). "Ici," writes Despois, "dans l'hésitation de Gros-René, qui s'embrouille et cherche ses mots, la prononciation traînante de l'*e* est plaisamment imitative."

490. **e ssus ,** cf. l. 30 .

491. **A dia...à hurhau,** a waggoner's cries to his horses to make them turn to the *left* and *right* respectively.

494. Note the syllabic value of **giro͡uette.**

504. **accroît,** then pronounced **accroèt,** formed a correct rhyme to **plaît.**

505. **ravage,** a rare intransitive use.

506. **remu(e)-ménage,** *hurly-burly.* The vowel in brackets is omitted in the text for the sake of the metre. See note on l. 46.

511. **compétiter.** This invented word marks the climax of Gros-René's confusion.

523. Cf. l. 327.

524. *the little power my heart has possessed over yours.*

527. **les traits...,** *manifestations of disdain are especially keenly felt by noble minds.*

537. **aux miens,** i.e. **à mes vœux.**

538. **dernière,** sc. **importunité.**

544. **eussé-je,** i.e. **même si j'avais.**

545. **jusques,** cf. note on **mêmes** at l. 55.

563. Bracelets were common gifts of ladies to their lovers, who seem to have worn them secretly.

564. **cachet,** *seal, signet.*

577. **Poussez,** *go ahead, stick to it.*

578. **Ferme,** *keep it up.*

579. **N'ayez pas le dernier,** *don't give in.* An expression taken from the game of 'touch,' and equivalent to **ne soyez pas le dernier touché.**

583. **qui,** i.e. **ce qui.**

609. **soucie,** *perturbs.*

623, 4. These lines are particularly reminiscent of Horace's treatment of the same theme (*Odes*, III. ix). In his *Amants magnifiques* (1670) Molière renders the ode in its entirety, and the rendering is entitled *Dépit amoureux.*

628. **sur,** i.e. *in view of, heartened by.*

634. **gonflé.** A comic touch. Cf. note on l. 14.

637. **viens frotter ton nez...,** *just you try nuzzling up to me when I'm in this rage, that's all!*

639. **Ardez,** a clipped form of **regardez.**

museau, *phiz,* '*mug.*'

640. **peau.** Cf. l. 404. *To set us hankering after the rest of him.*

642. **l'on t'en fricasse...,** *YOU served with a dainty morsel like me!*

643. **tu le prends par là?** *that's your tone, is it?*

644. **sans y chercher...,** *without more ado.*

645. **galand,** *knot, cockade*: **neige,** an inferior kind of lace: **nonpareille,** a narrow ribbon. The line might be rendered: *Your precious knot of trumpery lace and your streamer.*

646. **sur mon oreille,** i.e. *in my cap.*

647. **tu m'es à mépris,** *I scorn you.*

649. *that you made such a fuss about giving me.*

651. **six blancs,** *three halfpence.* The **blanc** was a small coin worth five deniers.

652. **laiton,** *pinchbeck.*

654. **Tiens,** *here, take it.*

660. **nous rapatrier**, i.e. **nous réconcilier.**

666. **bonne bête,** *silly stupid.*

667. **peste soit** (with **de** suppressed). See note on l. 362.

669. **vois,** i.e. *that's for you to say.*

673. **quitter la grimace,** *give up pretending.*

674. **Touche,** cf. ll. 176 and 230.

675. **que...je suis acoquiné!** *what a slave I am!*

678. **rapatriage,** *reconciliation.* (Cf. l. 660.)

Printed in the United States
By Bookmasters